ORAISON FUNÈBRE

DE

Mlle SUZANNE - FÉLIDE TRÉJAUT

Le Discours qu'on va lire n'a été écrit que pour être entendu d'une famille et de quelques amis : ce qui explique le caractère intime de la plupart des détails assez peu dignes de l'Oraison Funèbre.

En le livrant aujourd'hui à l'impression, nous ne prétendons pas lui donner une autre publicité que celle, très restreinte, qu'il a déjà reçue. Tout notre dessein est de laisser, entre les mains de ceux qui ont connu Mlle **Tréjaut**, un souvenir moins fugitif que la pensée et qui leur rappelle, pour leur servir longtemps de leçon, quelques traits édifiants de sa vie et de sa mort.

ORAISON FUNÈBRE

DE

MADEMOISELLE SUZANNE FÉLIDE TRÉJAUT.

PRONONCÉE DANS L'ÉGLISE DE CAUMONT,

Le 13 Mars 1876.

Mesdames,

C'est toujours un douloureux spectacle que celui de la mort !... C'est un digne sujet de larmes qu'une tombe qui s'ouvre pour ensevelir la meilleure peut-être de nos affections.

Mais quand la mort succède à la mort dans un délai qui n'a pas permis à une première blessure de se fermer ; quand la terre fraîchement remuée s'entr'ouvre de nouveau pour recevoir d'autres cendres avant que les premières aient eu le temps de se refroidir : alors notre pauvre cœur frémit et, mesurant d'un regard épouvanté toute la hauteur de sa nouvelle croix, il chancelle et ne se relève, pour reprendre son chemin, qu'impuissant et meurtri.

Oui, Mesdames, voilà ce qui arrive aux plus forts eux-mêmes, quand une religion solidement affermie n'est point là pour nous grandir au-dessus de nos épreuves en nous faisant puiser le courage et la résignation à leurs véritables sources, qui sont la foi, l'espérance et l'amour.

Dieu soit béni ! nous savons, pour en avoir été témoins, à quelle hauteur une telle religion nous élève. Nous avons vu la plus cruelle des épreuves passer sur un cœur de mère sans le briser.[1] Pourtant l'amour maternel l'avait fait d'une inexprimable tendresse. O religion ! quelle puissance vous êtes ! Ce cœur, si fragile en raison même de sa tendresse, vous l'avez rendu plus invulnérable que le diamant.

Vous n'en serez pas surprises, Mesdames, car on vous a appris que la foi ouvre à notre regard de magnifiques horizons, où il nous est permis de suivre par la pensée et le désir les prédestinés qui sont allés nous attendre dans la patrie.

Or, tel est l'empire de cette croyance aux félicités de l'autre vie, le baume consolateur qui s'en dégage, qu'au lendemain de certains deuils l'âme se relève de son premier état d'affaissement pour s'asseoir dans la paix ; le regard prend l'habitude de chercher le Ciel et s'il est encore trempé de larmes, il n'est pas éloigné non plus de sourire aux chères images qui lui apparaissent derrière les voiles éthérés du firmament.

---

[1] A 82 ans, Mme Tréjaut a vu mourir, dans l'espace de 4 mois, son fils et sa fille, sans que son courage ait succombé à cette immense douleur.

Que dis-je ? Il est telle mort qui présente le caractère d'un véritable triomphe et en face de laquelle, lorsque la nature a épanché sa douleur en quelques cris lugubres et étouffés, la foi entonne, sur le rythme de l'allégresse, le cantique des grands jours et des solennelles actions de grâces : « *Magnificat anima mea Dominum.* »

C'est que la mort répond à la vie et, quand une existence s'est écoulée tout entière dans l'amour et la pratique du bien, Dieu la couronne d'une fin qui est le prélude de l'éternelle récompense et, comme la mort des Justes, le passage des ombres à la pleine lumière, des amères douleurs de cette vie aux félicités d'un monde meilleur.

Jamais peut-être, Mesdames, il ne vous a été donné jusqu'à ce jour de constater la vérité de cette grave réflexion avec la même évidence que dans la vie et dans la mort de Mlle Suzanne Félide Tréjaut, que Dieu vient d'appeler à lui dans sa miséricorde et qui est partie d'au milieu de nous, laissant après elle, comme une traînée de parfums, le souvenir des plus aimables vertus.

En vous disant un mot de cette vie et de cette mort, j'essaie d'acquitter une dette de reconnaissance au nom de mon église et au mien. Aussi bien, mieux que personne peut-être, j'ai connu celle que nous perdons et j'ai pu d'autant mieux apprécier la délicatesse de ses sentiments et la parfaite générosité de son cœur.

Rien de plus simple que le cadre de cette vie. En apparence même, les détails offrent si peu de relief qu'il est mal aisé au premier aspect d'en saisir nettement les lignes. Mais en observant avec plus d'attention la physionomie d'ailleurs si lumineuse de cette grande âme, vous en verrez se détacher deux traits saillants qui se dessinent avec une remarquable précision : un grand amour des pauvres et un plus **grand amour de Dieu.**

I

Elle aimait les pauvres. — C'est en effet un amour dont le Christianisme a donné au monde les premiers enseignements, qui reste comme sa plus pure, sa plus admirable création et la vertu réservée en même temps que le caractère exclusif de ses disciples: « *In hoc cognoscent omnes quia discipuli mei estis, si dilectionem habueritis ad invicem.* » Saint Jean. xiii-35.

Chrétienne comme elle l'était, faut-il nous étonner de trouver en Mlle Tréjaut une inépuisable charité pour les pauvres ? Elle savait par l'Evangile tout le prix de la vertu de miséricorde et sa Religion, autant que son Cœur, l'amena bien des fois au seuil des indigents et au chevet des infirmes.

Quelles eussent été les bornes de sa libéralité, si la Providence ne lui avait pas mesuré la fortune, nul ne peut le dire et l'un des plus touchants caractères de la charité que Dieu lui avait allumée dans le cœur, c'est qu'elle ne comptait pas ses bienfaits et que la générosité de ses désirs dépassa toujours la portée de sa main.

Chose étrange ! et qui eût bien surpris si le fond de ses sentiments avait été moins connu. A de certaines heures vous l'eussiez trouvée ambitieuse, mécontente même de cette médiocrité dorée au sein de laquelle Dieu l'avait fait naître et où un manque de sagesse dans la distribution de ses aumônes l'eût bientôt réduite elle-même, par défaut de ressources, à l'impuissance du bien. Contenue dans ces étroites limites, elle aspirait à la richesse dans l'unique pensée de semer autour d'elle de plus nombreuses faveurs.

Je ne voudrais donc pas juger des mérites de cette âme par le seul bien qu'elle a accompli. Ce serait rester en arrière de la vérité et me former une appréciation inexacte de la haute récompense qui a dû lui être décernée.

Car Dieu qui rémunère nos œuvres après les avoir pesées au poids d'une rigoureuse justice, compte l'intention à la valeur de l'acte, et comme il châtie une seule pensée criminelle, il récompense aussi le simple désir du bien.

De quelle couronne donc Dieu ne l'a-t-il pas déjà gratifiée ! « Ah ! je ne veux pas perdre ma couronne, s'écriait-elle, au plus fort de ses cruelles douleurs. Je la désire trop ardemment et j'ai trop fait pour la conquérir. » Aussi vous souvient-il que nous avions orné son cercueil de parures blanches ? Ce n'était qu'un symbole, un très pâle symbole même. La béatitude et la gloire rayonnent désormais à son front et lui font une auréole mille fois plus belle que ce diadème de fleurs. Le Seigneur l'a dit : « Heureux ceux qui font miséricorde parce qu'ils obtiendront miséricorde à leur tour. » Saint Math. V. 7.

Nous vous proclamons donc bien heureuse, sur la foi des divines paroles, ô vous qui avez tant usé de miséricorde envers les pauvres et les malheureux.

Si votre modestie ne nous avait dérobé le secret de vos œuvres, que de choses ne pourrais-je pas raconter qui sont aujourd'hui le motif de votre exaltation ?

Mais vous en savez assez de cette vie, Mesdames, pour n'ignorer pas l'étendue de ses mérites. Personne qui n'ait pu, un jour donné, apprécier à quel point la charité de Mme Tréjaut était tendre et délicate, combien ingénieuse à varier ses bienfaits, à mesure que se diversifiaient les besoins.

C'est une vérité trop oubliée que les âmes ont aussi leur détresse ; que la plus douloureuse indigence, la plus digne de sympathie n'est pas toujours celle qui nous force à tendre la main. C'est pourquoi il est une miséricorde meilleure que le don du pain qui sert à nous nourrir ou du vêtement qui nous couvre. C'est l'aumône spirituelle qui, sous la forme d'un conseil, d'une représentation amicale, d'une parole de consolation, vient au secours d'une âme abandonnée qui se traîne dans les sentiers du désespoir ou dans la voie de perdition.

Que Mlle Tréjaut connaissait bien cet ordre de charité et qu'elle ménageait peu ses conseils quand elle avait à éclairer une âme ! Quelle force ne savait-elle pas donner à ses représentations quand elle rencontrait un abus à réformer, un travers à combattre ! Mais qui dira surtout la douceur et le charme de ses paroles quand elle avait à consoler ?

Toute son âme passait dans un regard quand Dieu jetait sur son chemin une infortune à relever, une blessure à guérir, un cœur brisé à refaire et elle était de ceux qui, selon le conseil de l'Apôtre, savent pleurer avec ceux qui pleurent, « *flere cum flentibus.* » Rom. xii-15.

Noble et généreuse nature ! Dieu l'avait pétrie de tous les bons instincts. Mais au sommet de ce cœur, le meilleur et le plus compatissant peut-être qui puisse battre dans une poitrine humaine, il avait allumé, comme pour servir de phare à cette existence toute de dévouement et de sacrifice, la flamme d'une inépuisable charité.

O pauvres, qui la vîtes si souvent venir à vous, compreniez-vous, quand elle passait le seuil de vos tristes demeures, de quel amour elle vous aimait ?

Il vous eût été pourtant facile de le comprendre, rien qu'à voir le doux et aimable sourire qui éclairait alors sa pâle et douloureuse figure. Pour moi je n'en perdrai jamais le souvenir ; je n'oublierai jamais comment elle savait donner et quel prix elle ajoutait au moindre bienfait par l'air de profonde sympathie dont elle accompagnait chacune de ses pieuses libéralités.

Dieu l'a bénie autant pour sa manière d'exercer la miséricorde que pour ses aumônes elles-mêmes. « Car il aime, dit le Saint-Esprit, celui qui fait la charité avec un cœur content. » — *Hilarem datorem diligit Deus.* — II Cor. ix-7.

II

Mais, s'il est beau d'aimer ses frères, si le dévouement qui vient en aide à ceux qui souffrent a le droit de provoquer notre admiration, qu'est-ce donc que d'aimer Dieu !... D'ailleurs ces deux amours sont inséparables et nous n'éprouvons un bienveillant attrait pour les pauvres que parce que nous découvrons en eux « Notre Seigneur lui-même caché sous des haillons et continuant, derrière ce voile, dont la foi seule peut pénétrer l'obscurité, sa vie humiliée et sa douloureuse passion. » Aussi, dans une âme éprise du premier de ces amours, le second brûle déjà comme un feu ardent.

C'est pourquoi, ayant reconnu à certains traits de sa vie, combien Mlle Tréjaut affectionnait les pauvres, je n'hésite pas à vous affirmer qu'elle était dévorée des plus pures flammes de l'amour divin.

Je ne prétends rien vous apprendre, Mesdames, en vous disant que, chaque jour, cette digne et chaste épouse de J.-C. était admise au banquet du Seigneur et s'enivrait tous les matins des joies de son commerce dans le baiser eucharistique. Tous, nous avons été témoins de la fidélité d'un amour qui ne s'est pas démenti un seul instant, dont la pratique de tant de vertus nous a révélé la force et qui s'est trahi, au milieu de nous, par des œuvres multiples, dont le souvenir nous édifiera longtemps et nous préservera sans doute de bien des défaillances.

Parmi ces œuvres, il en est une qui la recommande spécialement à notre vénération et à notre vive gratitude, une œuvre qui fut le culte de toute sa vie, la préoccupation constante de ses pensées et la plus douce consolation de ses jours. N'avez-vous pas deviné que je veux parler du soin des autels, de l'entretien des linges sacrés et de la lampe du sanctuaire, de tous ces pieux offices enfin qu'une femme peut remplir dans l'Eglise, quand elle est animée de l'esprit de foi?

Appliquée dès sa jeunesse à ces saints ouvrages, elle les a continués jusqu'à l'heure que Dieu avait marquée pour sa récompense. Avec quel zèle, avec quelle piété, on ne saurait le dire; et nulle parole ne résume mieux ce côté de sa vie, le plus apparent sans aucun doute, que ce mot du psalmiste: « Seigneur, j'ai aimé l'honneur de votre maison et le lieu où habite votre gloire. » Ps. xxv-8.

Que ne faisait-elle pas en effet pour cacher aux regards du Divin prisonnier la nudité de sa pauvre demeure? C'étaient les plus belles fleurs réunies et disposées avec une longue patience de chaque jour sur le gradin de l'autel pour l'embaumer d'un perpétuel encens et l'orner en même temps de ce que la nature offre de plus aimable et de plus gracieux.

Néanmoins cette laborieuse sollicitude qui finissait par rendre supportable, à force de décence, l'extrême pauvreté du lieu saint, ne parvenait pas à lui faire oublier l'aspect indigent de l'édifice, et s'il lui arrivait parfois de déplorer amèrement l'absence de la fortune, en songeant aux malheureux qu'elle eût pu secourir, elle ne la regrettait pas moins quand elle pensait à notre Église si pauvre, si déshéritée.

Du reste, il faut bien le dire, il n'était pas une œuvre catholique qui ne lui inspirât de profondes sympathies, et ce n'est pas trahir des confidences tombées aujourd'hui dans le domaine de la publicité que de rappeler ici le plus ardent peut-être de ses vœux, qui était de fonder dans la paroisse une maison religieuse pour l'éducation des jeunes filles. Même aucun sacrifice ne lui eût coûté pour l'accomplissement de cette œuvre, si de graves considérations et peut-être la main de Dieu, dont nous ignorons les desseins, n'avaient combattu la réalisation de cet important projet. Quelques-uns d'entre nous pourraient se souvenir du sentiment de douloureuse émulation qu'elle parut éprouver quand une colonie des Filles de la Providence vint asseoir à nos portes un établissement analogue à celui dont elle avait rêvé de doter sa bien aimée paroisse. Ce ne fut pas la seule atteinte à ses religieuses affections.

Comme toutes les âmes chrétiennes, elle identifiait son repos, son honneur et sa vie avec les destinées de la foi, et autant elle éprouvait de bonheur à voir les fidèles se rassembler nombreux autour de la table sainte ou de la parole évangélique, autant, au contraire, elle souffrait d'avoir à constater, par la solitude qui se faisait dans le temple, un mouvement décroissant de la piété publique. Elle n'a pas manqué d'accuser bien des fois le sentiment de profonde amertume dont ce vide la pénétrait. Mais elle ne l'exprima jamais avec plus de vérité et de force que dans la maladie qui vient de nous la ravir. « Je prierai pour vous, disait-elle à celui qui la dirigea pendant ses quatre dernières années ; je prierai pour vous là-haut et pour ces hommes qui vous ont tant fait souffrir et qui m'ont tant fait souffrir moi-même en négligeant leurs devoirs. »

N'allez pas croire, d'après ces paroles, qu'elle ait attendu le jour de son repos pour remplir ce pieux devoir de charité. Les longues heures qu'elle passait à l'Eglise nous disent assez pour quels besoins elle priait. Touchée du malheur de ceux qui ne prient plus, elle implorait pour eux la miséricorde et redoublait de ferveur pour faire oublier au Cœur du Maître l'indifférence des tièdes et les insultes des méchants.

C'est l'honneur et la sécurité des familles que l'existence de telles âmes, et nous saurons un jour tout ce qu'ont eu de puissance, pour le salut et la régénération d'un peuple ou simplement d'une cité, les prières ignorées de quelque pauvre fille ensevelie dans le secret d'un cloître ou dans l'ombre d'un foyer obscur.

Ce ministère sublime, cet apostolat de la prière, Mlle Tréjaut en avait compris la grandeur, et son cœur vivement prévenu de la grâce l'avait portée à s'y dévouer. C'est le côté le plus caché de sa vie, mais non pas le moins douloureux. Vous avez pu en juger par une seule de ses dernières paroles : mais vous en jugeriez bien mieux si vous saviez que dans l'ordre de la grâce, pas plus que dans tout autre, on n'enfante qu'au prix de la douleur. La gloire de ramener les âmes à la vérité se paie au prix du sang : nous l'avons appris par l'exemple du Sauveur, et c'est pourquoi, quand on se sent poussé à travailler au rétablissement du règne de Dieu dans le monde, il faut se préparer à des déboires, à de longues tristesses, à des brisements de cœur.

Mais parce que J.-C. est pour nos âmes un véritable époux, même quand il nous fait reposer sur sa croix, la seule couche nuptiale qu'il ait ici-bas à nous offrir, il nous transfigure toujours, et s'il ne nous ménage pas les souffrances, s'il daigne le plus souvent nous associer à son agonie, il arrive une heure où la croix devient un instrument, non de supplice, mais d'exaltation !

Je raconte l'histoire d'une âme à laquelle les épreuves ne manquèrent pas, mais que Dieu se plaisait à combler parfois de ses plus suaves tendresses.

Vous a-t-elle jamais dit sa joie, au soir d'une de nos solennités religieuses, où la parole de Dieu, le chant des cantiques et l'éclat resplendissant des lumières, s'harmonisant dans son âme avec ses plus hautes et plus délicates aspirations, la faisaient rêver du Ciel et pleurer des larmes de ravissement. Vous auriez compris alors, à l'entendre parler, que si elle connaissait les épreuves de la piété, Dieu lui en faisait aussi goûter les charmes.

Je le répète : ce fut la grande félicité de sa vie. Je ne puis pas dire l'unique. Car Dieu l'avait fait naître et grandir dans une famille où il est de tradition de s'aimer et où l'affection mutuelle doit être une source inépuisable de contentement et de paix.

Du reste ces deux grandes affections se fortifiaient en elle l'une par l'autre et elle aimait d'autant plus sa famille qu'elle aimait Dieu davantage.

L'Église et le foyer lui paraissaient deux sanctuaires également respectables et elle partageait entre ces deux objets son amour et sa vénération.

Si pourtant elle avait dû manifester des préférences, je suis forcé de convenir qu'elles eussent été pour l'Église, qui est la vraie maison du Chrétien et le lieu du repos en même temps que de la prière.

Son repos cependant n'y était pas pour elle un loisir. Car, se rappelant qu'il y eut au pied de la Croix de saintes femmes pour ensevelir le corps du Seigneur, elle se plaisait à continuer leur sublime ministère de charité, par les soins infinis qu'elle donnait à l'autel qui, dans la pensée de l'Église, symbolise l'humanité sacrée de Jésus-Christ.

III

Elle a fini sa vie dans ces vénérables pratiques et nous l'avons entendue, la veille de sa mort, manifester la volonté, si elle venait à recouvrer ses forces, de reprendre ses nobles fonctions interrompues par quelques jours de souffrances.

Hélas! ce vœu, qui était aussi bien le nôtre, n'a pas été exaucé, parce qu'il eût été sans doute injuste de notre part de chercher encore à retenir parmi nous une âme qui avait achevé sa journée et si pleinement conquis son salaire.

Dieu a donné le signal et elle est partie. Dix-huit jours d'une horrible agonie ont précédé l'adieu suprême que nous avons recueilli de sa bouche désormais scellée par la mort!...

Ah! ne nous plaignons pas de ce silence : elle nous a assez parlé pour notre édification. A ses derniers moments elle s'accusait d'ignorance, je ne sais plus à quel propos. Vous savez qu'il lui fut répondu : « Non, mon Enfant, on n'est pas si ignorant que vous le dites, quand on pourrait enseigner à tant d'hommes plus savants d'ailleurs des choses de ce monde, la maîtresse science, la science de la mort. »

Apprenez d'elle, Mesdames, à bien mourir et puisse Dieu, quand il lui plaira de vous appeler de ce rivage à l'autre rivage, vous mettre dans le cœur la force morale qui animait cette grande chrétienne et sur vos lèvres, flétries des baisers de la douleur, des paroles comme celles que nous avons entendues :

« Mon Dieu! je vous offre mes souffrances pour l'expiation de mes péchés, pour les péchés des miens, pour cette pauvre paroisse! »

« Mon Dieu! que c'est longtemps souffrir!... Mais vous avez souffert plus que moi!... que votre adorable volonté soit faite!... *Fiat! Fiat!*... »

Or il y a de profonds enseignements dans une mort semblable, Mesdames, et le premier qui s'en dégage est cette solennelle vérité que j'énonçais tout à l'heure : que la mort ressemble à la vie.

S'il n'est pas rare en effet qu'une journée, commencée par une tempête, finisse dans le calme et la sérénité, il n'est pas ordinaire non plus qu'une existence, éternellement en proie aux orages des passions, s'éteigne dans la paix d'une mort chrétienne.

Au contraire la fin des Justes, en tout semblable au soir d'un beau jour, respire une douceur et une béatitude dont le spectacle laisse dans l'âme des témoins une impression aussi salutaire qu'ineffaçable.

Ah! l'on a beau être sceptique alors, l'on a beau ne croire à rien, pas même à ce qui fut la foi de notre père et de notre mère, en face des scènes admirables qui terminent certaines existences, les yeux se mouillent de larmes involontaires et l'on se prend à dire que, si l'on avait le choix de sa fin, on voudrait bien mourir comme ce prédestiné qui semble toucher au Ciel et jouir déjà de sa victoire.

Pourquoi de telles morts sont-elles un spectacle dont notre siècle se montre de plus en plus avare?.. Quand, pour notre instruction, le Ciel nous y convie, je voudrais appeler tous les hommes à se repaître de cette vision, parce que je ne crois pas qu'il y ait au monde leçon plus éloquente.

Vous en avez pu juger, Mesdames, aux derniers moments de Mlle Tréjaut. Car il n'est personne, de ceux qui l'ont approchée à cette heure solennelle, qui n'ait fait sur soi-même de sérieux retours et n'ait justement apprécié la valeur d'une sainte vie. « Non, non, a-t-il été dit auprès de cette couche d'agonie, où se révélait tant d'héroïsme dans tant de simplicité, rien ne nous sert que d'avoir fait du bien — » profonde parole échappée spontanément à une âme inconsciente peut être de sa portée et d'où sort avec une force irrésistible la condamnation de tant d'existences futiles ou criminelles qui n'auront pas même, pour excuse au tribunal de Dieu, une apparence de bonne foi ou l'ignorance du devoir.

Non, rien ne nous sert que d'avoir fait le bien. Car, encore qu'il n'y eût pas pour nos œuvres un jugement sévère au sortir de cette vie, il serait toujours bon, pour le seul honneur de notre mémoire, de laisser après nous le souvenir de nos vertus et de nos bienfaits. Mais il y a plus. Si, prêtant l'oreille à la seule voix de nos consciences et recueillant les enseignements de la foi qui éclaira notre berceau, nous voyons s'ouvrir devant nous la douloureuse perspective d'un effroyable et éternel avenir, c'est alors qu'avec plus de vérité que jamais, avec l'accent d'une conviction plus profonde, nous nous écrions : « Non, non, à la mort, rien ne nous sert que d'avoir fait le bien. »

Mlle Tréjaut n'avait fait que cela toute sa vie et sa mort nous a laissés pleins d'espérance. Quelques appréhensions, inséparables de cette phase suprême, passaient bien parfois sur son front comme de rapides nuages. Mais la confiance finissait par dominer ces craintes, auxquelles les plus grands saints eux-mêmes ne furent pas étrangers, et l'on peut se rappeler cette touchante parole qui trahit une de ses plus intimes impressions d'alors : « Je voyais la mort partout et croyez bien qu'elle n'est pas belle ; pourtant on avait fini par me la faire aimer ! »

Pendant le saint sacrifice qui précéda d'une heure son dernier soupir, elle s'unit en esprit aux prières du prêtre et, quand le son de la cloche lui annonça le moment de la consécration, elle recueillit toutes ses forces pour s'incliner et adorer encore une fois en ce monde Celui qu'elle allait bientôt contempler sans voiles dans les splendeurs d'un jour éternel. Epuisée par ce suprême effort elle dut se faire aider pour tracer sur elle-même le signe sacré de la Rédemption. Un instant après, la vue s'affaissait et elle ne parut plus ni voir ni entendre. Cependant quand le prêtre s'approchant de son chevet l'avertit qu'on allait prier, elle sembla faire un signe d'assentiment et, lorsqu'enfin elle était près d'exhaler son dernier soupir, elle ouvrit les yeux comme pour adresser un irrévocable adieu à celui qui l'avait tant de fois guidée et consolée ; ses lèvres s'agitèrent, mais le souffle éteint dans sa poitrine resta muet ; la tête s'inclina légèrement et son âme, si chrétienne, remonta vers Dieu !

Ah ! il est triste sans doute de voir ainsi s'en aller ceux qu'on aime ! Et, pour moi qui vous parle, j'ai plus d'une fois arrosé de larmes les mains desséchées de cette chère agonisante. Mais, je vous l'affirme, au fond de toutes ces amertumes, je trouvais d'inaltérables douceurs et, le soir de la mort, tandis que je priais auprès de sa virginale dépouille, recueilli comme dans un sanctuaire et pleurant à chaudes larmes, comme on pleure en se disant un long adieu, je me sentais une invincible force et une grande paix dans le cœur.

Le même caractère de tristesse et de joie se révéla dans la cérémonie de ses obsèques. Jamais foule plus nombreuse ni plus recueillie n'avait assisté dans notre église à de si belles funérailles. Le sanctuaire était tout tendu de noir en signe du deuil public ; mais le monument funèbre où reposait la chaste dépouille de celle que nous pleurions était orné de voiles blancs et de tous les symboles de la pureté et de la gloire. Le chœur des jeunes filles, qu'elle avait si longtemps formé par ses leçons et plus tard stimulé par ses paroles et ses exemples au culte de la musique sacrée, chanta alternativement avec les prêtres le cantique de la Vierge : « *Magnificat anima mea Dominum.* » Et tels étaient les accents qui, sous l'empire de l'enthousiasme et de la douleur, sortaient en ce moment de nos poitrines, que les larmes en venaient aux yeux des assistants avec les sentiments desquels cette hymne, dite sur un air de triomphe, entrait en parfaite harmonie.

— 16 —

Et en présence de cette manifestation imposante, en face des aimables souvenirs que nous laissait une pareille mort : « Heureux, me disais-je, ceux qui meurent dans le Seigneur! Leur mort est précieuse devant Dieu. » — Et je m'écriais avec le prophète. « Que mon âme meure de la mort des justes et que ma fin soit semblable à leur fin ! »

C'est la grâce que vous nous obtiendrez, ô Sainte et Digne Amie, qui nous quittiez naguère pour être réunie à ceux dont vous aviez eu la douleur de pleurer l'absence. De là-haut, où vous êtes sûrement en possession de la félicité et de la gloire promises à Ceux qui ont été pieux et bons comme vous le fûtes, votre regard, j'en ai la confiance, descend constamment vers nous. Ne vous le disais-je pas la veille de votre départ? : « Il n'y a point d'espace pour les âmes et Dieu qui est le lieu des esprits est partout. » C'est en lui que nous nous retrouverons, dès qu'il nous plaira de nous chercher ; vous ne vous séparez donc pas de nous ; — vous ne faites que nous devenir pour un temps invisible, sans cesser de vivre à nos côtés, nous gardant, comme un ange protecteur, par vos salutaires influences.

Pour nous, nous vivrons de votre souvenir et nous nous essaierons à l'imitation de vos vertus, trop heureux s'il nous est donné de faire une fin semblable à votre fin et d'atteindre un jour le terme béni où nous voulons être associés à votre gloire et partager votre félicité !

LAGUIRAUDIE,
Curé de Caumont.

Agen, Imprimerie de P. Noubel.

www.ingramcontent.com/pod-product-compliance
Lightning Source LLC
Chambersburg PA
CBHW060927050426
42453CB00010B/1877